AF243606

UNE

AMBASSADE MUSULMANE EN ESPAGNE

AU XVIIme SIÈCLE

EXTRAIT D'UNE RELATION DE L'AMBASSADEUR

TRADUIT PAR M. SAUVAIRE,

MEMBRE DE LA CLASSE DES SCIENCES.

Lu à la séance du 19 Mai 1881

L'ambassadeur marocain, auteur de la relation d'un voyage en Espagne dont je vais avoir l'honneur de vous lire un extrait en traduction, ne nous a pas fait connaître son nom. Deux copies de son manuscrit, faites l'une sur l'autre, se trouvent à Madrid : la première, dans la riche collection du savant orientaliste espagnol, M. de Gayangos ; la seconde, à la Bibliothèque nationale. L'original existerait, m'a-t-on dit, à Lisbonne. C'est sur les copies de Madrid que j'ai exécuté la mienne, sans avoir eu le temps toutefois de la collationner.

L'envoyé de Mouley Ismaïl auprès de Charles II visita une partie de l'Espagne et séjourna principalement dans la capitale. En un style simple et sans prétention, il nous décrit le pays tel qu'il l'a vu, il y a aujourd'hui deux siècles, et nous fait part de ses im-

pressions, dont quelques-unes sont curieuses et origi-
nales.

Fanatique comme tous ses coreligionnaires, il ne
manque pas d'émailler son récit de malédictions va-
riées contre le roi, le pape et les chrétiens.

Mais quel est le musulman qui n'en ferait pas autant
même de nos jours, tant au Maroc qu'en Tunisie et ail-
leurs ?

Le Catalogue de la Bibliothèque de Madrid désigne
le manuscrit sous cette rubrique : *Viaje á España de
un Embajador enviado por Muley Ismael a Carlos II,
y observaciones que hace en todo lo que viò. Viaje he-
cho por los años 1680 à 1682.*

Cependant l'élévation au trône pontifical, dont il va
être question, d'un pape napolitain qui ne peut être
qu'Innocent XII, et plusieurs autres faits mentionnés
dans cette relation me paraissent démontrer que le
voyage de l'ambassadeur marocain doit être rapproché
d'une dizaine d'années au moins.

VOYAGE EN ESPAGNE D'UN AMBASSADEUR MAROCAIN

(Ms. ar. de la Bibl. nat. de Madrid, Gg. 192.)

Cette ville, c'est-à-dire Madrid, bien qu'elle eût été
la résidence de quelques-uns des ancêtres du roi
(Charles II), n'avait pas atteint le degré de civilisation
et de grandeur auquel elle est parvenue aujourd'hui ;
l'on n'y voyait pas ces rues larges et spacieuses. Avant
le règne du père et de l'aïeul de ce souverain, la résidence royale était une ville appelée Valladolid, à trois
journées de Madrid. Quand son aïeul se fixa dans la
nouvelle capitale, la population s'accrut et avec elle
augmenta le nombre des bâtisses et des habitations ;
car la plupart des chrétiens notables de l'Espagne y

habitent avec le roi et quiconque possède une province
ou une ville y laisse quelqu'un chargé de le repré-
senter.

Les marchés de cette ville sont très-grands et très-
vastes, et pleins de marchands, d'acheteurs et de mar-
chandises, d'artisans et de gens de métier de l'un et de
l'autre sexe. A ces marchés se rendent tous les habitants des villages et des hameaux voisins de Madrid ;
son territoire embrasse, en effet, un grand nombre de
villages.

Les villageois apportent à la ville toutes les sortes
d'aliments, de comestibles et de fruits qui se vendent.
Le pain même, sauf une faible quantité, ne se fabrique
pas à Madrid, et la plus grande partie de ce qui s'en
consomme vient des villages du dehors. Ce sont les
femmes qui se chargent de cet approvisionnement :
elles apportent le pain, montées sur des bêtes de
somme et, assises sur le dos de leurs bêtes, elles sta-
tionnent dans le marché pour le vendre. Quelques-unes
d'entr'elles se rendent dans les maisons pour fournir à
chacune la quantité dont elle a besoin, car il est d'usage
chez les chrétiens qu'aucun d'eux ne pétrit chez lui et
toutes ses provisions sont tirées du marché.

Il y a au marché un nombre considérable de boutiques où l'on fait cuire les mets et les apprête pour les
étrangers, les gens de passage et les voyageurs qui
n'ont pas de domicile habituel. L'homme entre dans les
boutiques et commande à la femme qui s'y trouve de
lui servir tel mets qu'il désire : viande, poulets, poisson
ou autre, suivant ses goûts et son appétit. Il mange et
boit ; puis il paye à la femme le prix de ce qu'il a
consommé.

On trouve dans ce marché une quantité innombrable
de viandes d'animaux sauvages et d'oiseaux morts sans
avoir été égorgés (1) ; quelques-uns sont encore en vie,

(1) On sait que chez les mulsumans, il est défendu de manger
de la chair d'un animal qui n'a pas été égorgé suivant le mode
prescrit par la loi.

à la disposition des personnes qui désirent recueillir le sang pour le manger.

Tu trouves également dans ce marché des fruits frais et secs en nombre illimité, attendu que les pommes, les raisins et les poires s'y vendent toute l'année jusqu'à l'arrivée des produits de la nouvelle récolte. La plupart des fruits frais sont apportés des montagnes de Grenade et de Ronda, malgré la distance qui sépare ces villes de Madrid ; l'élévation du prix y attire de partout toutes choses. De même, tu rencontres encore dans ce marché une grande quantité de poissons frais qu'on apporte de la mer, après un trajet de sept jours, du pays d'Alicante et du côté du Portugal. Au milieu de ces marchés en est un grand, carré et qui contient de vastes boutiques ; au-dessus de celles-ci s'élèvent des chambres, des balcons et des habitations, sur six étages, le tout plein d'habitants, tant gens de ces marchés que d'autres. On prétend que cette place renferme quatorze mille habitants mariés. Ce marché est occupé par une agglomération de gens de métier, d'artisans et de commerçants des deux sexes. On appelle cet endroit la *plaza Mayor*, ce qui signifie le grand marché (1).

Au milieu de son esplanade, une foule de femmes vendent du pain, des légumes, des fruits et de la viande de toute espèce.

C'est sur cette place que les Espagnols célèbrent leurs fêtes et leurs foires, telles que la fête des taureaux et autres. Il est, en effet, dans leurs habitudes que quand vient le mois de mai, le 10 ou le 15 du mois, ils choisissent des taureaux vigoureux, gras, et les amènent sur cette place, qu'ils décorent de toutes sortes de

---

(1) Cette grande place, qui a servi de théâtre aux auto-da-fé, aux exécutions criminelles et politiques et aux fêtes publiques, tournois ou *corridas*, que les rois présidaient du balcon de la *Panaderia*, a été refaite par les ordres de Philippe III, dont la statue équestre s'élève au centre sur un piédestal qu'entoure une grille de fer.

tentures de soie et de brocart ; ils s'asseyent dans des salons donnant sur la place et lâchent les taureaux un à un au milieu de celle-ci. Alors, quiconque prétend à la bravoure et désire donner des preuves de la sienne arrive, monté sur son cheval, pour combattre le taureau avec l'épée. Il en est qui meurent et d'autres qui tuent (l'animal). L'endroit de cette place où se tient le roi est connu. Il assiste à ce spectacle accompagné de la reine et de toute sa suite. Le public, suivant le désir plus ou moins grand de chacun, est aux fenêtres, car elles se paient ce jour-là seul, ou une journée de fête semblable, pour une seule place, autant que le loyer d'une année entière.

J'ai assisté là à une fête que les Espagnols célébraient sur cette place en l'honneur d'un de leurs religieux qu'ils appellent *San Juan* (1). Ils disent qu'il appartenait à l'ordre des moines et que sa vie fut édifiante, suivant leurs croyances religieuses. Ils ont vu de lui des choses imaginaires que Satan leur fait prendre pour des réalités et qu'ils appellent *miracles*, mot qui veut dire « démonstrations ». Il y a environ cent ans qu'il est mort. Cette année, ils prétendent que le pape a reconnu comme authentique ce qui le concerne et leur a conséquemment permis de le porter en procession pour que les gens le voient et le connaissent. Ils ont donc choisi ce jour pour sa fête, après s'être réunis en masse : ils ont orné son église de toutes sortes de tentures en soie et en brocart, paré sa statue de riches vêtements incrustés de perles et de rubis et pavoisé toutes les rues depuis l'église jusqu'à la place. Ils ont aussi décoré la place de toutes les manières et y ont suspendu les rubis et les joyaux précieux, et les croix d'or incrustées de pierreries inestimables.

Le roi a réuni à cette occasion toute sa cour et nous

(1) Il s'agit sans doute de Saint Jean-de-Dieu, fondateur des frères de la Charité ; né en 1495 à Monte-Major-el-novo, petite ville de Portugal, mort en 1550, canonisé le 16 octobre 1690.

*

à fait préparer un emplacement en face de celui qui lui est destiné ; il l'a fait richement orner comme le sien et nous a envoyé inviter à assister à la cérémonie, voulant par là nous distraire et nous récréer. Nous nous sommes donc dirigés vers cet endroit ; nous y avons trouvé une multitude compacte d'hommes et de femmes pour laquelle, malgré ses dimensions, il était devenu trop étroit et avons beaucoup souffert de l'encombrement de la foule. Dans les marchés et dans les rues il y avait encore plus de monde que sur la place. Ayant gagné l'endroit qui avait été préparé pour nous, nous y sommes montés. A peine étions-nous assis en face du roi que celui-ci nous a salués à plusieurs reprises, a levé son chapeau (1) et pris place ainsi que la reine et sa mère, entouré de sa suite et de ses ministres. Alors a défilé la procession avec la croix et les images et la statue de ce moine que le pape les a autorisés à fêter. Ils lui ont élevé de nombreuses églises dans chaque ville ou village ; ils ont aussi institué dans chaque localité, suivant l'importance de la ville ou du village, une fête en son honneur.

Les moines de son ordre sont ceux qui s'occupent de traiter les malades, de les servir, etc. ; car, comme de son vivant il faisait partie des moines adonnés à cette œuvre, tous se sont mis à fonder des hôpitaux dans ses églises et à se livrer avec beaucoup de zèle au soin des malades. Il existe, en effet, en Espagne une quantité innombrable d'hôpitaux : il y en a, dans la ville de Madrid, quatorze qui sont immenses, très-propres et entièrement pourvus de lits, de provisions de bouche, de boissons, de remèdes, et du personnel nécessaire aux malades. Ils mettent, pour les femmes malades, des femmes âgées qui les servent et les soignent, et pour les hommes, des infirmiers de leur sexe. Ces établissements sont dans un état parfait d'entretien, et le

____

(1) *Chemrir,* transcription marocaine du mot espagnol *Sombrero.*

traitement a lieu sans que le malade soit privé de rien dont il ait besoin, soit peu, soit beaucoup. J'en ai visité plusieurs; j'y ai vu que les dépenses étaient faites sans aucune parcimonie. Dans chaque hôpital, il y a un certain nombre d'armoires garnies chacune de tout le nécessaire : huile, vinaigre, remèdes, boissons. J'ai trouvé dans la cuisine, en fait de viandes, du mouton, des poules, des lapins, des perdrix, du porc, etc., pour l'usage des malades.

Quand le médecin est entré auprès du malade, qu'il lui a tâté le pouls et a reconnu son état, il écrit un papier qu'il remet au gardien, et celui-ci le donne aux serviteurs attachés à la cuisine, lesquels apportent ce que le médecin a prescrit. J'ai vu aussi chez eux une autre chambre qui contient les effets des malades. Voici ce qui se passe : lorsqu'un malade entre à l'hôpital, on lui enlève tous les vêtements qu'il porte, on les dépose dans la chambre destinée à cet objet ; on y attache une étiquette sur laquelle on inscrit la nature des effets et le nom de leur propriétaire et on revêt celui-ci d'autres habillements qu'on tient là tout prêts pour les malades et qui sont achetés sur les fonds dont l'hôpital est doté.

On lui fournit un lit garni de deux couvertures, de deux draps et d'un oreiller. Chaque huit jours on lave les vêtements qu'il a sur lui et on lui en donne d'autres. Une fois guéri, on lui rend les habillements avec lesquels il est venu et il s'en va où bon lui semble.

Si le malade meurt, il est enveloppé dans un linceul aux frais de l'hôpital et l'on s'enquiert de sa famille, à laquelle on remet les effets qu'il a laissés dans l'établissement.

Chacun de ces hôpitaux possède un médecin auquel on assigne une maison d'habitation à proximité de l'hôpital ; le loyer en est payé ainsi que toutes ses provisions de bouche, les choses de première nécessité pour lui et ses domestiques et tous ses frais d'entretien sur les revenus dont jouit l'établissement, afin qu'il se trouve toujours présent et qu'il ne soit ni absent, ni préoccupé de ses moyens d'existence.

Ces religieux, qui appartiennent à l'ordre du moine Saint-Jean, se consacrent, pour la plupart au service des malades ; ce qui constitue pour eux un article de foi.

Un de nos compagnons étant tombé malade pendant notre séjour dans la ville de *San Lucar*, les religieux de cet ordre, qui venaient nous faire visite tous les jours, nous demandèrent, quand ils virent le malade, de le transporter dans leur établissement pour le traiter et lui donner leurs soins. Mon refus les surprit beaucoup. « Nous voulions faire une bonne œuvre, dirent-ils, et nous ne pensions pas que tu nous en empêcherais. » Ils insistèrent de nouveau, mais je ne leur cédai point. Ils continuèrent de venir visiter le malade jusqu'à ce qu'il guérit.

L'on aimerait, à cause de cette croyance qu'ils ont, de leurs bonnes qualités et de leur caractère paisible, qu'ils se trouvassent dans la droite voie ; car ce sont les gens de leur nation doués du meilleur naturel et les plus tranquilles. *Mais Dieu guide qui il veut vers un droit chemin* (1).

Il existe aussi au marché de Madrid un lieu destiné aux correspondances et aux lettres provenant de toutes les villes, régions et provinces.

En effet, chaque jour de la semaine, arrivent des lettres de quelque ville. Quiconque attend une lettre se rend aux boutiques établies dans ce but et regarde s'il lui est venu quelque chose ou non. Trouve-t-il une lettre, il en acquitte le port pour une somme déterminée, équivalente au quart d'une once de notre pays (2). De même, celui qui veut envoyer sa missive dans un pays l'écrit aussi et la jette à l'endroit connu, sans

---

(1) Qor'ân, *Sur.* II, v. 209.

(2) La valeur de l'once varie chaque jour au Maroc ; d'après le tarif officiel de la douane elle vaut actuellement 16 cent. environ.

rien payer pour l'envoi, attendu que c'est celui qui la reçoit qui acquitte le port. Cela se pratique de la sorte pour les villes distantes d'un demi-mois et moins, quelle que soit la ville. Mais pour les pays éloignés comme l'Italie, Rome, Naples, les Flandres, la France, l'Angleterre, etc., qui sont très-loin, le port d'une lettre provenant de l'un de ces pays se paie son poids d'argent. Ces lettres produisent de très-grandes sommes.

Au mois de février, il est arrivé d'Italie et de Rome un courrier apportant des lettres dont le poids total était de cinquante-trois robis (quarts); ce qui produisit une somme de treize quintaux et quart (1) d'argent. Ce service est entre les mains d'un comte qui s'appelle *Conde Yâty*; on prétend que le roi le lui a donné pour en vivre; tous les courriers sont sous sa dépendance. Leur usage à cet égard est que le courrier qui se dirige vers un pays emporte toutes les lettres réunies pour cette destination et voyage à marches forcées, sans arrêt ni interruption. Toutes les fois que sa monture est affaiblie ou fatiguée, il la change moyennant un salaire déterminé, dans une des hôtelleries (2) établies sur les routes pour les voyageurs et les courriers, comme nous l'avons dit précédemment. La distance fixée pour le changement de monture est de neuf milles. Le courrier ne peut pas dépasser ce chiffre. Il franchit la moitié du chemin qui conduit au pays vers lequel il se dirige; là, il rencontre le courrier de ce pays, qui arrive; ils échangent les correspondances et chacun d'eux revient à son point de départ. Chaque jour l'on a donc des nouvelles de tous les pays.

On emploie à Madrid un moyen autre que les lettres pour donner les nouvelles. Voici ce que c'est : lorsqu'il arrive une nouvelle de pays très-éloignés, il y a une

---

(1) Il nous est impossible jusqu'à présent de savoir à quel poids en kilogrammes correspondait ce quintal.

(2) *Bayntah*, esp. *venta*.

maison où se trouve une imprimerie (1) dirigée par un seul homme, qui paye pour cela au roi une redevance fixe, au commencement de chaque année. Toutes les fois qu'il entend une nouvelle ou qu'elle parvient à ses oreilles ou qu'il la découvre, il réunit de toutes ces nouvelles tout ce qu'il peut et, *les versant dans le moule*, il en imprime un millier de feuilles qu'il vend à un prix modique. Un homme, qui en tient à la main une énorme liasse, crie : « Qui veut acheter les nouvelles de tel et tel pays ? » Ceux qui désirent les lire en achètent une feuille. Ils l'appellent la *Gazette* (2). On y lit beaucoup de nouvelles ; mais elles sont, pour la plupart, exagérées et mensongères dans le but d'exciter la curiosité des gens.

Par le courrier arrivé d'Italie et de Rome et dont il vient d'être fait mention, on a reçu la nouvelle de la mort du pape qui est à Rome (3), que Dieu l'envoie rejoindre les grands de sa nation ! Jusqu'à présent, personne n'a été élu pour le remplacer.

Pendant notre séjour à San Lucar a eu lieu l'élection d'un autre personnage à sa place. Cette dignité, chez les adorateurs de la croix, est très-importante, attendu que celui qui en est investi leur explique les dogmes et les jugements, leur édicte les lois, leur ordonne de faire ce qu'il veut et leur défend ce qui lui déplaît, au gré de son caprice. Il leur est impossible d'avoir une opinion différente de la sienne, et ils ne peuvent que se soumettre, car le contredire serait pour eux sortir de leur religion.

L'élection de ce pape se fait de la manière suivante : Au-dessous de lui sont soixante-douze religieux faisant partie de leurs plus grands savants ; tous portent le titre de cardinal. La dignité de cardinal, chez eux, est inférieure à celle de pape. Lors donc que le pape meurt

---

(1) Litt. *un moule à écriture.*
(2) *El gasétah*, esp. *gazeta.*
(3) Alexandre VIII, élu pape en 1689, mort en 1691

et est envoyé en enfer où il est livré au feu éternel,
chacun des soixante-douze entre dans sa chambre, se
ferme dedans et se met en prières, à ce qu'il croit, de
façon à n'être en communication avec personne et à ne
parler à qui que se soit. On lui apporte seulement sa
nourriture. Il demeure ainsi quatre mois. Une fois ce
délai expiré, chacun d'eux réfléchit en lui-même pour
savoir quel est celui des soixante et onze personnages
que, d'après lui, il agréera et choisira comme offrant
toutes les garanties de confiance, de loyauté et de piété.
Il écrit alors son nom sur un morceau de papier et le
dépose dans une boîte fermée de manière à ce que personne, ni lui ni les autres, ne puissent voir l'intérieur.

Chacun des dits cardinaux écrit autant de bulletins
qu'il choisit de personnes, et dépose le bulletin à l'endroit préparé pour cet objet.

Quand le jour fixé à cet effet est venu et qu'ils ont
fini d'écrire et de choisir, ils se réunissent en assem-
blée, ouvrent la boîte et lisent les bulletins. Celui dont
le nom se trouve inscrit le plus grand nombre de fois
sur les bulletins, ils l'acceptent à l'unanimité et l'inves-
tissent de la dignité papale, après qu'ils ont pris de lui
les engagements et les pactes les plus formels d'obser-
ver les conditions déterminées chez eux de loyauté et
de sincérité et que lui-même a reçu d'eux les promes-
ses prescrites en cette circonstance. Dès lors il est pour
eux le pape. Ils ont l'habitude, que Dieu les anéantisse !
de ne choisir qu'un vieillard ayant dépassé sa quatre-
vingtième année. Celui qu'ils ont élu pape, cette fois,
est moins âgé. Ils ont prétendu que personne de son
âge n'avait été, avant lui, préféré aux autres.

Avant ces dernières années, il existait chez eux un
autre usage : on n'élisait à ces fonctions qu'un Italien
de la province de Rome et de son territoire, pour un
motif qui les avait forcés d'agir ainsi, et qui est
qu'ayant élu un pape qui appartenait à la nation fran-
çaise, celui-ci se mit à amasser des richesses qu'il
envoyait secrètement dans son pays. C'est pourquoi ils

tombèrent alors d'accord que la papauté ne serait plus donnée ni à un Français, ni à un Espagnol, dont les nations sont puissantes et animées de l'esprit de parti, mais qu'on en investirait quelqu'un originaire de l'Italie, des États romains et de leur dépendance. Celui qu'on nommerait serait un des parents du pape, et personne autre que lui ne pourrait rien entreprendre dans la totalité des provinces italiennes. Le pape qu'on a élu cette année, après la mort de son prédécesseur, est originaire du pays de Naples, qui fait partie de l'Italie, mais se trouve cependant aux mains des Espagnols (1). Cette règle a été enfreinte cette fois, et la dignité papale a donc été confiée à quelqu'un qui est d'une province appartenant à l'Espagne.

C'est ce pape qui impose aux chrétiens le jeûne à certains jours de l'année, pour un motif qu'il leur interprète, et qui leur défend de manger de la viande le vendredi et le samedi. Il leur tient, suivant sa manière de voir, tel langage qu'il trouve bon et leur interdit d'épouser une proche parente ou une nièce, soit du côté paternel, soit du côté maternel, à moins d'avoir obtenu son autorisation. Cette autorisation coûte beaucoup d'argent, celui qui veut avoir la permission d'épouser sa proche parente ayant à dépenser de fortes sommes pour les intermédiaires et les frais de route, à une si grande distance. Il n'a de facilités qu'autant qu'il est puissant et riche ; il trouve alors la voie ouverte pour obtenir l'autorisation de se marier. Le pape accorde aussi aux chrétiens la permission d'épouser une proche parente, lorsqu'il y a eu entre un homme et une femme des relations intimes suivies d'une grossesse et que cette femme est sa proche parente. Dans ce cas, l'autorisation est donnée d'une manière générale, sans qu'il soit besoin de recourir au pape.

(1) L'ambassadeur veut parler d'Innocent XII, Antoine Pignatelli, né à Naples, pape de 1691 à 1700.

Marseille.—Typ. et Lith. Barlatier-Feissat Père et Fils, imprimeurs de l'Académie.

www.ingramcontent.com/pod-product-compliance
Lightning Source LLC
Chambersburg PA
CBHW051300050726
47595CB00008B/3352